PI DE COSPRONS-
-ROUSSILLON
FRANCE ET CATALOGNE

Ducs du Roussillon, de Septimanie et de Gothie ;
Comtes d'Ampurias et de Peirelade ; Vicomtes de Taxo et de Rocaberti ;
Barons de Pi, de Sahorre de Cosprons et de Lorca (1) ;
Seigneurs de Sainte-Estève, de Palau, d'Orrioles, d'Argelaguer,
de Madraguera, de Torreneulas et de beaucoup
d'autres lieux ;
Patriciens de Barcelone, de Collioure et de Mayorque, etc.

Armes : *Parti : au 1er d'or, au rocher de sable surmonté d'un pin, accosté d'un P et d'un I, du même ; au 2e, d'azur à la croix de Saint-Georges d'argent, surmontée d'une étoile de même et*

(1) La baronnie de Cosprons et le fief de Torreneulas étaient compris dans une donation de terres faite par l'empereur Lothaire à son ami Gausfred, duc de Roussillon, par charte en date du 7 des ides de juillet de l'année 981.

1861

PI DE COSPRONS-ROUSSILLON.

accompagnée en pointe d'une onde aussi d'argent; mantelé de gueules à 4 pals d'or. — COURONNE *de duc. —* SUPPORTS : *à dextre, un moine en prières, et à sénestre, un chevalier armé de toutes pièces. —* DEVISE : *Ad alta et ardua. — Le tout posé sur un manteau de velours écarlate fourré d'hermines, et sommé d'une couronne de prince.*

La famille a droit de poser l'écusson de ses armes sur l'écartelé suivant : au 1er, de gueules à un léopard d'or, qui est d'Aquitaine; au 2e, d'azur à l'épée d'argent, la pointe en haut, qui est d'Ampurias; au 3e, de gueules à 2 cadenas d'or en pal, qui est d'Aragon-Roussillon; au 4e, d'azur à la croix pattée d'argent, accostée de deux paires de tenailles de même, exhaussée sur un piédestal de même, posé sur les trois lettres P A S de même, qui est de Roussillon.

ARMI toutes les familles dont la généalogie a été publiée dans le *Nobiliaire universel*, la plus ancienne, sans contredit, est celle des PI DE COSPRONS-ROUSSILLON, puisque, d'après les différents ouvrages dignes de foi que nous avons compulsés (1), son origine est carlovingienne.

Elle descend, par différentes lignes collatérales, des anciens ducs héréditaires du Roussillon, qui eux-mêmes ont eu pour auteur certain BODAGISLE, duc franc d'Austrasie en l'année 580. Cette ancienne famille s'est partagée en cinq branches :

1° Celle des comtes de Poitiers et des ducs d'Aquitaine, commençant à THÉODORICK, premier comte d'Autun, duc des Francs-Ripuaires, vivant en 782, et finissant à Guillaume VIII, duc d'Aquitaine, mort sans descendance mâle en 1137.

2° Celle des ducs ou marquis de Gothie et du Roussillon, commençant à Guillaume Ier, prince des marches d'Espagne, fils de Théodorick cité plus haut, et qui s'est éteinte en la personne de Charles II, roi de Castille et d'Aragon, vingt-neuvième duc-comte héréditaire du Roussillon, mort sans postérité en 1700 (2). De cette branche sont issus les comtes de Barcelone, qui produisirent les rois d'Aragon, de Valence et de Mayorque.

---

(1) *Gallia christiana*; *Art de vérifier les dates*; *Histoire de la Gaule méridionale*, par Fauriel; dom Vaissète, Baluse, *Histoire de la maison d'Auvergne*; Marca Hispanica, etc., etc.
(2) Il ne fut que duc titulaire, le Roussillon ayant été cédé à la France par le traité des Pyrénées.

3° Celle des comtes du Roussillon, qui commence à SUNIAIRE, vivant en 878, descendant de Bernard II, dit *Plantevelue*, marquis d'Auvergne, comte d'Autun et de Narbonne, et finit à GÉRARD II, comte-duc du Roussillon, mort sans postérité en 1172, qui légua ses domaines à son cousin Alphonse, roi d'Aragon et comte de Barcelone (1).

4° Celle des vicomtes héréditaires d'Ampurias et de Roussillon, qui commence à FRANCON, vivant en 940, et dont descend en ligne directe et incontestable :

5° La cinquième branche, celle des barons de PI et de SAHORRE, dont nous donnons en entier la filiation. — Cette branche est représentée de nos jours par Honoré PI DE COSPRONS-ROUSSILLON, propriétaire héréditaire du manoir et de la terre seigneuriale de Torreneulas, ex-maire de Port-Vendres, ex-conseiller d'arrondissement, membre correspondant de l'Institut botanique de Londres, etc.

Le nom de ROUSSILLON ajouté de nos jours, par le représentant actuel et le chef de la famille, à celui de PI DE COSPRONS, et toujours porté par les descendants d'Aicard, croisé en 1100, avait passé à la branche cadette, parce que l'aînée portait le titre de baron DES PI.

Pour bien faire comprendre la filiation de la branche qui nous occupe, nous remonterons à Bodagisle, duc franc d'Austrasie, mort en 585, qui eut pour fils Saint-Arnulfe, duc-évêque de Metz, et pour petit-fils Ansighise, duc-maire du palais (2). De ce dernier est issu Pépin d'Héristal, duc des Francs, qui eut pour fils CHILDEBRAND (737), dont le fils THEODORICK, duc des Francs Ripuaires (793), eut pour héritier GUILLAUME, premier prince des marches d'Espagne et d'Aquitaine (807), d'où descend BERNARD, duc de Septimanie, comte de Toulouse et de Barcelone, ministre du roi Louis le Débonnaire (3), qui eut pour fils BERNARD II° du nom, dit *Plantevelue*, prince de Gothie en 841, marié à ERMENGARDE (4). De ce mariage est issu SUNIAIRE, premier duc-comte héréditaire du Roussillon, dont une charte existe dans les archives de la famille (5).

---

(1) Nous ne citons pas ici les deux branches collatérales des comtes d'Ampurias et des vicomtes de Rocaberti, issues de cette troisième branche, et qui se sont éteintes, la première au commencement du quatorzième siècle, et la seconde à la fin du dix-septième.
(2) Voyez : *Gallia christiana*, vol. XIII, f° 692.
(3) Voyez : Dom Vaissète, *Histoire du Languedoc*.
(4) Voyez : Marca Hispanica, *Histoire du Béarn*; Baluze, *Histoire de la maison d'Auvergne*; collection Moreau, *Cartulaires de Cluny*.
(5) Dans cette charte de l'année 879, son père et sa mère sont indiqués implicitement.

FILIATION

I. SUNIAIRE, premier duc-comte héréditaire du Roussillon, Ampurias, Peirelade, etc., seigneur d'Escussoles, de Bénévent et autres lieux, vivait encore en l'an 900 ; il fut excommunié pour crime de lèse-religion (1). De son mariage il eut six fils, savoir :

1° Bention, comte d'Ampurias, Peirelade, etc., mort sans postérité vers l'an 915 ;
2° Gausbert, qui vivait en l'an 930 et fut marié à Trutgarde ;
3° Francon, qui continue la descendance et est le premier auteur de la branche qui nous occupe et qui s'est continuée jusqu'à nos jours;
4° Odon, vicomte du Roussillon, qui mourut sans enfants et dont les biens retournèrent à son frère ;
5° Almerade, évêque d'Elne, en Roussillon, mort avant 930 ;
6° Wadalde, qui lui succéda après sa mort et mourut lui-même vers 947.

II. FRANCON, premier vicomte héréditaire du Roussillon, d'Ampurias, Peirelade, etc., seigneur de Rocaberti, de Taxo et autres lieux, vivait en 940 (2). De sa femme ERSINDE il eut quatre enfants, savoir :

1° Adalbert qui suit;
2° Auruce, seigneur de Taxo, Saint-Feliu, etc., abbé séculier de Saint-Paul de Narbonne, grand juge du Roussillon ; il assista au plaid de l'an 968 avec son cousin GAUSFRED, et fut l'un des juges du procès entre les abbés de Campredon et de Baga en 988 (3);
3° Thierry, abbé du couvent de Campredon en 962, reçut en cette qualité le legs fait à sa communauté par SENIOFRED, comte de Barcelone en 966, de la baronnie de PI

---

(1) Voyez : collection Moreau ; l'*Art de vérifier les dates*, f° 387, et Marca Hispanica, où ses six enfants sont dénommés, charte de l'an 930, et texte.
(2) Voyez : Marca Hispanica, f°˚ 386, 846 et 892.
(3) Voyez : *Thesaurus novus*, par Martène et Durand, tome I⁰ʳ, f°˚ 96, 102 et 127; *Gallia christiana*; Villanueva, et Marca Hispanica.

et de Sahorre, qu'il inféoda dans sa maison; cette baronnie transmise à l'un des membres de sa famille, dans le siècle suivant, constitua ainsi la branche des barons de Pi et de Sahorre, dont la descendance existe encore;

4° Seniofred, diacre et chanoine de l'église épiscopale d'Elne, seigneur de Palalda, baron de Laroque, Fourques et autres lieux, fit son testament en 967.

III. Adalbert, vicomte héréditaire du Roussillon, d'Ampurias et de Peirelade, seigneur de Rocaberti, Castello, etc., assista, avec son frère Auruce, au plaid de l'an 968 (1). Il légua, en mourant, sa vicomté d'Ampurias à Guillaume, son fils aîné, et celle de Peirelade, avec le château de Rocaberti, à son fils cadet Dalmace. De son mariage sont issus plusieurs enfants, entre autres :

1° Guillaume qui suit ;

2° Dalmace, vicomte de Peirelade et de Besalu, seigneur de Rocaberti, tige de la maison des vicomtes de Rocaberti, qui s'est continuée de mâle en mâle jusqu'à la fin du xviie siècle. En l'an 1008, le 5 des calendes de novembre, il assista comme témoin à une donation faite par son cousin; sa femme Oda, fille unique de Miron, vicomte de Besalu, est mentionnée dans un acte de l'année 1043 (2) ;

3° Bernard, qui assiste comme témoin à la donation faite par le comte de Barcelone, à l'église de Gérone, le 14 des calendes de juillet, l'an 1015;

4° Richilde, mentionnée dans un acte de donation fait par Terciolus, au comte Guiffe de Besalu, l'an xiiie du règne du roi Louis, le 7e jour des ides d'avril (3).

IV. Guillaume, vicomte du Roussillon et d'Ampurias, baron de Pi et de Sahorre, seigneur de Taxo, de Torellas, Saint-Estève, etc., était en l'an 1013 l'un des exécuteurs testamentaires de son cousin Guillabert, comte du Roussillon; il assista en 1030 au plaid tenu par le comte Gausfred IIe du nom, cinquième comte héréditaire du Roussillon, qui vivait encore en 1070, et, en l'année 1036, à une donation faite au couvent de la Grasse, par Hugues, comte d'Ampurias (4). Il eut de son mariage plusieurs enfants; l'aîné :

V. Oliba, dit l'*Archer*, vicomte du Roussillon et d'Ampurias, baron de Pi et de Sahorre, seigneur de Pontella, San-Feliu, Torellas, etc., mentionné dans plu-

---

(1) Voyez : Marca Hispanica, p. 892.
(2) Voyez : Pujades, *Chroniques de Catalogne*, vol. VII, p. 58.
(3) Chartre originale aux archives de la famille.
(4) Voyez : *Gallia christiana, instrumenta ecclesia Carcasson.*

sieurs chartres et dans une donation faite, à l'église d'Elne, le 4 des Calendes de janvier de l'année 1044, eut deux fils :

1° Guillaume, vicomte du Roussillon, seigneur de Taxo, Pontella et autres lieux, dont la descendance s'éteignit au commencement du xii° siècle ;
2° Durand, rapporté ci-dessous.

VI. Durand, dit le Damné, premier baron héréditaire de Pi, de Sahorre et de Mantet, seigneur de Saint-Estève, co-seigneur de Palau, Taxo et autres lieux, est mentionné comme témoin dans un acte de donation faite à l'abbé du couvent de Saint-Pierre de Campredon, le 15 des Calendes d'août 1037 ; en l'année 1052, au testament de Volverade, chanoine d'Elne ; puis, en 1070, dans un autre acte de donation, et enfin, en 1100, dans le testament de son petit-fils Roussillon des Pi, partant pour la croisade (1). Il eut pour fils :

1° Cyprien, dont l'article suit :
2° Raymond, baron de Cosprons et autres lieux, fiefs dont il hérita de son père, et qu'il vendit au Cabiscol ou précenteur de l'église de Gérone, qui en fait mention dans son testament daté du 16 des Calendes 1064 (2), fut archidiacre de l'église épiscopale d'Elne.

VII. Cyprien du Roussillon, baron de Pi et de Sahorre, seigneur de Saint-Estève, Taxo, Palau, etc., est mentionné au testament de son petit-fils le croisé cité plus haut, en l'an 1100. Il eut plusieurs enfants, entre autres :

VIII. Aicard du Roussillon des Pi, baron de Pi et de Sahorre, seigneur de différents lieux, voulut, à la mort de son père, partir pour la croisade, où son cousin, Gérard du Roussillon, se couvrait de gloire ; le manque d'argent fit qu'il s'adressa au chapitre canonical d'Elne, qui lui avança des fonds moyennant la cession définitive de ses biens de franc-alleu, dans le cas où il mourrait sans enfants (3). Il partit pour la Palestine, et, à son retour, se maria et eut postérité, ainsi qu'il appert d'une

---

(1) Voyez : collection Moreau et les actes possédés par la famille.
(2) Voyez : Villanueva, *Voyages littéraires*, vol. XII, page 301, et collection Moreau, année 1091, vol. XXXVI, pages 173 et 223.
(3) Cet acte est du 5 des nones de juillet de l'an 1100.

chartre de l'an 1155, dans laquelle il est nommé, assisté de deux de ses fils. Il eut pour enfants :

1° Roussillon-Aicard, qui continue la descendance;
2° Aicard II° du nom, auteur d'une branche qui a produit plusieurs personnages marquants, parmi lesquels figurent: un conseiller du roi de Mayorque, un des conquérants des îles baléares, et enfin un bâtard qui défendit la ville d'Elne contre Philippe le Hardi. — Cette branche s'allia aux rois de Mayorque et à la maison de Cardonne, dans le xiv° siècle.
3° Gérard, seigneur de Pierrelatte et autres lieux, auteur d'une branche qui, établie dans le comté de Foix, produisit divers chevaliers, des abbés illustres, entre autres un commandeur de l'ordre des Templiers, et s'allia aux familles des seigneurs de Saint-Ibars, de Sollier, et d'Egmont, dans le xii° et le xiii° siècle (1).

IX. Roussillon-Aicard, baron de Pi et de Sahorre, baron de Saint-Estève-de-Pi, de Palau, le Vercol, etc., est mentionné dans la chartre de l'année 1155 citée plus haut. Il eut quatre fils :

1° Ponce, mort sans postérité ;
2° Pierre, dont l'article suit ;
3° Arnaud, mentionné dans un acte de donation de l'année 1188 ;
4° Guillaume, chapelain et moine-seigneur de Saint-Pierre de Campredon, est cité dans une grande quantité de chartes, notamment des années 1174, 1183, 1189 et 1203; il fit son testament le 6 des Calendes de mars de l'an 1212, laissant tous ses biens à sa nièce Arnaude (2).

X. Pierre, baron de Pi et de Sahorre, seigneur d'Orriolas, de Romengos, etc., figure dans l'acte cité plus haut, de l'année 1155; puis il est mentionné, avec son frère Arnaud, dans une charte du *Cartulaire de Lezat*, f° 117, et enfin il est porté, dans le terrier du couvent de Saint-André, en 1188, comme feudataire dudit couvent (3). Il eut deux fils :

1° Bérenger, rapporté plus bas;

---

(1) Voyez : *Cartulaire de Lézat*, f° 4.
(2) Cet acte existe aux Archives de la famille.
(3) Voyez : collection Moreau et *Cartulaire de Lézat*, f° 117.

2° Raimond DES PI, chanoine-seigneur du couvent de Saint-Pierre de Campredon ; après avoir perdu cette dignité à cause des abus qui se commettaient dans son couvent, en 1220, il se maria, et alla se fixer près de son beau-père Raymond DE LORIANA, en 1229, dans la vallée d'Amer, diocèse de Gironne.

XI. BÉRENGER DES PI, baron de Pi et de Sahorre, chevalier, seigneur d'Argelaguer, Anglès, Foxa et autres lieux, est cité dans une chartre du 6 des calendes de mai de l'année 1194, avec ses deux oncles Arnaud et Guillaume. En 1220, il assista aux conférences tenues par les hérétiques au château de Castelbon avec le vicomte dudit lieu et d'autres seigneurs (1). D'une alliance, dont le nom ne nous est pas parvenu, sont issus plusieurs enfants, entre autres :

1° Arnaud, qui suit,
2° Bernard, chanoine-seigneur du couvent de Saint-Pierre de Campredon, relaté dans différents actes des années, 1230 et 1249 ;
3° Guillaume, attaché à l'évêché de Vic, cité comme témoin dans un acte du 8 des ides de février de l'année 1240.

XII. ARNAUD, baron de Pi et de Sahorre, chevalier, seigneur d'Argelaguer, Anglès, Foxa, Madraguera et autres lieux, figure comme témoin au *Cartulaire de Lézat* (folio 2, recto) ; il a épousé, vers 1220, MARIE, dame de Madraguera, fief sis près de Gironne, et prêta serment de foi et hommage à l'abbé de Campredon, le 12 des calendes de décembre de l'année 1223.

De son mariage sont nés quatre fils :

1° Bérenger, qui continue la descendance ;
2° Michel, chapelain attaché à l'église de Saint-Paul de Pi, mentionné dans différents actes des années 1256, 1261 et 1277 ;
3° Guillaume des Pi, seigneur d'Almizra et de Biar, fiefs sis dans le royaume de Valence, est mentionné dans une lettre du roi Pierre d'Aragon, datée du 8 des calendes d'avril de l'année 1280 ; il figure comme témoin dans une transaction de l'année 1306, faite par Bernard DE TORRON, et dans une autre de l'année 1322, faite par Pierre de Granollers (2).
4° Pierre des Pi, chapelain du roi Jacques d'Aragon en 1261, fut abbé du couvent de Cercada en 1286 (3), et mourut en 1303.

(1) Voyez : collection Doat, vol. XXIV, f° 181.
(2) Voyez : Archives d'Aragon, reg. 42, f° 238.
(3) Voyez : Archives d'Aragon, reg. 11, f° 195.

XIII. Bérenger IIe du nom, baron de Pi et de Sahorre, seigneur d'Argelaguer, d'Anglès, de Soler, de Foxa, Madraguera et autres lieux, eut pour femme Saurina. Il n'est mentionné qu'une seule fois dans un acte du 5 des calendes de février de l'année 1262, par lequel, assisté de sa femme et de sa fille aînée, Marie, âgée de douze ans, il inféode à Guillaume de Coma, moyennant certaines redevances seigneuriales et sauf les droits de l'abbé de Campredon, son suzerain, le fief d'Esperipans, tènement du manoir de Soler (1). De son mariage sont issus trois enfants, savoir :

  1° François, qui suit ;
  2° Raymond, seigneur du nouveau manoir de Pi, dans la vallée d'Amer, épousa damoiselle Marie Sancie de Pedrere, et fut la souche d'une branche qui a fourni plusieurs personnages distingués ; il assista en 1306 au contrat de mariage de son fils aîné Raymond avec Béatrix de Mosquera (2) ;
  3° Marie, dénommée dans l'acte d'inféodation relaté plus haut.

XIV. François des Pi, baron de Lorca, seigneur d'Orrioles, Foxa, Madraguera, co-seigneur de Murcie, etc., ambassadeur du roi Jacques II d'Aragon, gentilhomme de sa maison, fut envoyé en 1295 près du roi maure de Grenade et conclut un traité avec lui. En récompense de ses services, le roi lui fit don de la baronnie de Lorca, confisquée sur Gonzalve de Chairon ; on voit dans les archives d'Aragon (registre 260, folios 43, 81 et suivants) qu'il eut plusieurs enfants de sa femme Elissende, qu'il laissa veuve avant l'année 1315, et dont il eut six fils, savoir :

  1° Sanche, baron du château de la Nagera, en Aragon, mentionné dans une chartre de l'année 1361 ;
  2° François des Pi, entré dans les ordres en 1342 ;
  3° Guillaume, dont l'article suit ;
  4° Bernard, dénommé dans une chartre du roi Jacques d'Aragon, en date du 3 des ides de mars de l'année 1302 ;
  5° Jacques, chancellier du royaume de Valence, en 1310.
  6° Nicolas, bailli de Morella, et viguier de son district en 1338, fut confirmé dans cette dignité par le roi Pierre d'Aragon, le 12 des calendes de juin de l'année suivante. Il est cité dans différents actes des années 1339, 1343 et 1352, année de sa mort.

XV. Guillaume des Pi, seigneur de Foxa et de Madraguera, patricien de la

---

(1) Acte possédé par la famille.
(2) Acte possédé par la famille.

ville de Barcelone, se destina de bonne heure à la carrière maritime. Vers l'année 1322, il commit, de concert avec Bernard DE BLANES, chevalier, un acte de piraterie au préjudice de marchands marseillais ; poursuivis tous les deux pour ce méfait, ils durent s'expatrier, et allèrent se fixer à Collioure, dans le duché de Roussillon, qui appartenait alors au roi de Mayorque.

Ce fait, avec tous ses détails, est relaté dans un sauf-conduit de six mois que le roi Jacques d'Aragon lui accorda, le 9 des calendes de février 1325, à la prière de sa femme et de ses enfants, afin qu'il pût se rendre par mer à Barcelone, pour mettre ordre à ses affaires.

Ses descendants, ainsi qu'on le verra, devinrent patriciens de Collioure, titre qui fut héréditaire dans la famille (1). De son mariage il eut quatre fils :

1° Guillaume qui suit ;
2° Bernard DES PI, co-seigneur de Saint-Christophe de Grexentur, fief de la mouvance de Saint-Pierre de Campredon, juge de la cour du bailliage de Perpignan, confirmé dans cette charge par Pierre d'Aragon en 1345 ;
3° Bérenger, moine du couvent de Sainte-Marie-du-Mont-Carmel en 1364 ;
4° François, patricien de l'île de Mayorque, gentilhomme de la maison du roi d'Aragon, s'établit dans cette île et fut l'auteur d'une branche qui s'éteignit au XVIe siècle. Un de ses descendants fut créé chevalier par Charles-Quint en personne (2).

XVI. Guillaume DES PI, baron de Foxa, seigneur de Madraguera, patricien de la ville de Barcelone et de Collioure, mentionné dans un acte de vente de l'année 1370 (3), eut, d'une alliance dont le nom ne nous est pas parvenu, les cinq fils qui suivent :

1° Jean, qui a continué la descendance ;
2° Raimond DES PI, patricien de Collioure, possédant un fief à Port-Vendres en 1383 ;
3° Antich, gentilhomme de la maison du roi d'Aragon, procureur général à vie du royaume de Valence, cité dans différents actes des années 1381, 1384, 1385. Le roi Jean le chargea d'une mission dans la haute Catalogne en 1393 ;
4° Bernard, nommé dans une transaction du 13 février 1383 ;
5° Guillaume, curé de Saint-Vincent de Folgons en 1404, et auteur biographique très-estimé.

---

(1) Voyez : Archives de la couronne d'Aragon, à Barcelone, reg. 227, f° 297.
(2) Charte originale déposée aux archives d'Aragon.
(3) Voyez : Archives générales des notaires à Perpignan.

PI DE COSPRONS-ROUSSILLON.

XVII. Jean DES PI, patricien de Collioure et de Barcelone, baron de Foxa, seigneur de Madraguera et autres lieux, est cité dans un acte de vente du 2 mars 1370. De sa femme ELISSENDE il eut plusieurs enfants, entre autres :

    1° Jean qui suit ;
    2° François des PI, patricien de Barcelone et notaire de la chancellerie d'Etat en 1439.
    3° Lopez, armé chevalier par le roi Ferdinand d'Aragon, en 1414, fut la tige d'une branche qui s'établit en Andalousie et produisit une longue série d'hommes illustres, parmi lesquels nous citerons un chevalier de Malte, tué par les Turcs en 1551, deux évêques, dont l'un ministre du roi d'Espagne en 1717 ; elle s'est alliée aux seigneurs princes de Biscaïe (1).

XVIII. Jean DES PI, II° du nom, patricien de la ville de Collioure, est cité comme témoin d'une vente faite en l'année 1431, par-devant Dalman Frigola, notaire royal, par Marguerite DES PRAT, épouse de noble Jean de Baster. Il eut deux fils :

    1° Jean qui suit ;
    2° François, procureur fiscal de la cour du gouverneur général de Catalogne en 1457 (2).

XIX. Jean DES PI, III° du nom, gouverneur et patricien de Collioure (3), fut nommé à cette charge par le roi Louis XI, maître du Roussillon en 1463. Une révolte générale ayant éclaté, en l'année 1475, dans les quatre comtés du Roussillon, en faveur de Jean d'Aragon, il sut contenir la ville qu'il gouvernait, et en fut remercié par une lettre autographe du roi, en date du 20 avril de ladite année. D'une alliance inconnue il eut plusieurs enfants, entre autres :

    1° Jean, qui suit ;
    2° Gaspard, moine augustin, confesseur de l'empereur Charles-Quint, en 1530 ;
    3° Narcisse, moine chartreux, auteur d'une histoire de son monastère, écrite en latin.

XX. Jean DES PI, IV° du nom, succéda à son père dans la charge de gouverneur,

---

(1) Voyez : Martel Coronac : *De Arag.*, p. 101. — *Nob*^{re}. *de Andalusia*, par de Molina.
(2) Voyez : Archives de la couronne d'Aragon, reg. 2608, f° 111.
(3) D'après les lois de Catalogne, sa charge lui donnait rang de VICOMTE.

et fut patricien de la ville de Collioure ; il figure dans une chartre du 16 juillet 1479 et dans une autre du mois de mai 1481. Les quatre comtés du Roussillon ayant été restitués au roi d'Aragon en 1493, par le successeur du roi Louis XI, il fut disgracié et emprisonné par ordre du duc de Medina (1). Il eut pour fils :

1° Jean qui suit ;
2° François, prieur du couvent de Saint-Jérôme, de la vallée d'Hébron, auteur de plusieurs ouvrages.

XXI. Jean Pi (2), patricien de Collioure, mentionné comme défunt, ainsi que sa femme JEANNE, au contrat de mariage de son fils, passé le 3 août 1557. De son alliance sont issus :

1° Jean, qui a continué la descendance ;
2° Pierre-Antoine, poëte et professeur de belles-lettres à l'université de Barcelone à la fin du XVI° siècle, écrivit en vers latins une comédie intitulée : *Don Juan d'Autriche à la bataille de Lépante.*
3° Jacques, député aux cortès générales de Monson en 1585.

XXII. Jean Pi DE COSPRONS, seigneur de Cosprons et autres lieux, patricien de la ville de Collioure, épousa, en 1557, damoiselle Claire ALENYA, issue d'une des plus anciennes familles de Catalogne. L'an 1568, il reconnut au procureur général du comte d'Ampurias toutes les terres qu'il possédait en fief dans la mouvance dudit comté, et il rendit aussi foi et hommage, pour le fief de Cosprons, au bailli de l'ordre de Saint-Jean-de-Jérusalem. De son mariage il eut les enfants qui suivent :

1° François qui continue sa descendance ;
2° Jean, mort avant 1633, ainsi qu'il appert d'une transaction faite par ses frères (3) ;
3° Guillaume, prêtre, qui testa en 1637 ;

---

(1) Voyez : Ordonnances des rois de France, vol. XVIII, page 630, et *Histoire du Roussillon*, vol. II, f°s 222 et suivants.
(2) Par suite de la jacquerie qui eut lieu en Catalogne dans la première moitié du quinzième siècle, les patriciens des villes ont supprimé la particule qui précédait leur nom, toutes les fois que la terre qui le leur donnait n'était plus possédée par eux. (Voyez : Archives de Perpignan.)
(3) Cet acte est déposé aux archives de la famille.

PI DE COSPRONS-ROUSSILLON.

4º Gaspard, député aux cortès en 1599 et patricien de la ville de Perpignan, titre qu'il obtint du roi Philippe III. Un de ses petits-fils appelé Onufre, chanoine de la Réal, fonda à Perpignan un collége qui porta son nom de Pi jusqu'en l'année 1793 (1).

5º Et deux filles, Jeanne et Raphaële.

XXIII. François Pi de Cosprons, seigneur de Cosprons et autres lieux, patricien de Collioure, rendit foi et hommage au procureur général de l'ordre de Malte, pour les terres qu'il tenait en fief; il est cité dans le contrat de mariage de son fils aîné, en 1646, et il fit son testament en l'année 1653. De son alliance avec noble demoiselle Marguerite Christine sont issus plusieurs enfants, entre autres :

1º François, qui continue la descendance ;
2º Joseph, dénommé au contrat de mariage de son frère en 1646, mort sans postérité ;
3º Rafaëla, mariée à noble François Mateu, patricien d'Espolla.

XXIV. François Pi de Cosprons, seigneur de Cosprons, patricien de Collioure, fut institué héritier universel de son père, et est mentionné dans un acte notarié de l'année 1663. Il a épousé, le 1ᵉʳ mai 1646, demoiselle Espérance Morell, fille unique et héritière de Jean Morell, patricien. De cette alliance sont nés trois enfants, savoir :

1º François-Félix-Raymond, dont l'article suit ;
2º Joseph, substitut du procureur général près le conseil souverain du Roussillon, en 1704 ;
3º Rose, mariée à noble Pierre Cabot.

XXV. François-Félix-Raymond Pi de Cosprons, seigneur de Cosprons, patricien de la ville de Collioure, né en novembre 1652, a épousé demoiselle Marguerite Cabot, issue de l'ancienne famille des barons de Cabot. Il figure, depuis l'an 1675 jusqu'en 1709, époque de sa mort, dans une foule d'actes de reconnaissances et d'acquisitions. En 1700, lorsque mourut Charles II, roi des Espagnes, et dernier rejeton de la maison de Barcelone en possession du titre de duc de Roussillon, François Pi de Cosprons, chef de la seule branche existant en France, devint de droit trentième duc-comte du Roussillon, mais il ne jugea pas à propos d'en prendre le titre, attendant l'issue des procès et contestations suscités en Roussillon par

---

(1) Voyez : Archives d'Aragon, reg. 4885, f° 183, et Archives du collége de Perpignan.

la noblesse châtelaine des campagnes à la noblesse patricienne des villes depuis la conquête française. Ce procès ayant duré jusqu'à la révolution de 1789, et à cette époque les titres nobiliaires ayant été supprimés en France, lui et ses descendants ne portèrent jamais le titre auquel ils avaient droit. Il fit son testament le 19 juin 1709, à Perpignan, par-devant M° François Garriga, notaire royal, et mourut le 22 suivant. De son mariage sont nés :

1° François, qui suit ;
2° Joseph, mort jeune sans postérité ;
3° Vincent, tuteur de son neveu pendant sa minorité;
4° Jean, mort sans postérité en 1742 ;
5° Et deux filles, Françoise et Marguerite.

XXVI. François Pi de Cosprons (de droit trente-unième duc-comte du Roussillon), seigneur de Cosprons, patricien de Collioure, épousa, par contrat du 29 décembre 1701, demoiselle Marie Comamala y Cantuern, dont la famille figurait au quatorzième siècle parmi la noblesse féodale de la province. Le 14 juillet 1710, le procureur général de l'ordre de Saint-Jean de Jérusalem (Malte) lui inféodait une pièce de terre contiguë à ses propriétés de Cosprons. Il fit son testament le 25 juin 1713, et mourut le 1ᵉʳ juillet suivant (1). De son alliance sont issus quatre fils, savoir :

1° François, qui continue la descendance;
2° Joseph, qui institua pour son héritier universel son neveu Joseph, par acte du 6 novembre 1743 ;
3° Laurent Pi de Cosprons;
4° Pierre Pi de Cosprons.

XXVII. François Pi de Cosprons (de droit trente-deuxième duc-comte du Roussillon), seigneur de Cosprons, patricien de Collioure, né en 1702, signa son contrat de mariage avec demoiselle Françoise Roger de Massanet, le 26 juillet 1716, âgé de seulement quatorze ans, et était sous la tutelle de son oncle Vincent, ainsi qu'il est dit plus haut. Il fit quelques dons à l'église de Cosprons, et concourut à la construction d'une chapelle à Banyuls-sur-mer. Son banc seigneurial existe encore dans l'église de Cosprons. Il fit son testament par-devant M° Tersol, notaire royal, le 26 septembre 1741, et mourut peu de temps après, laissant de son mariage plusieurs enfants dont l'aîné :

XXVIII. Joseph Pi de Cosprons, seigneur de Cosprons, bailli de l'ordre de Malte

(1) Ces deux actes figurent aux archives de la famille.

(de droit trente-troisième duc-comte du Roussillon), patricien de Collioure, épousa, par contrat du 19 mars 1743, demoiselle Eugénie BARRIS DE L'ABAJOL, issué d'une branche des anciens seigneurs de Perellos, devenus vicomtes de Roses. Les habitants de Cosprons relevant de son autorité directe, il fit défendre par le viguier du Roussillon, aux autorités de Banyuls, avec lesquelles il était en discussion, de donner aucun ordre à ses justiciables. Il fit son testament le 27 juillet 1765, ayant pour enfants :

1° François, qui a continué la descendance ;
2° Christophe, mort sans postérité ;
3° Joseph, qui se maria, et dont la postérité existe encore ;
4° Et quatre filles : Françoise, Marie-Anne, Eugénie et Agnès.

XXIX. François PI DE COSPRONS, seigneur de Cosprons (de droit trente-quatrième duc-comte du Roussillon), officier municipal, administrateur du district et du département, a épousé, par contrat du 19 décembre 1770, demoiselle Catherine MALLOL, fille aînée d'Honoré Mallol, bailli de Saint-André. Lorsqu'en 1793, l'armée espagnole voulut s'emparer de Collioure, il se porta à la tête de 60 hommes, presque tous ses parents, au col de Fourmigon et repoussa une colonne dix fois plus forte qui avait pénétré sur ses terres. Plus tard, recherché pour ce fait par les Espagnols, il leur échappa longtemps en se cachant dans les cavernes de ses propriétés. Un acte de lâche trahison de la part du prince de Montfort, général espagnol, le livra à ses ennemis, qui le firent mourir empoisonné le 4 février 1794 (1). De son mariage sont issus huit enfants, savoir :

1° Honoré, dont l'article suit ;
2° François PI DE COSPRONS, maire de Port-Vendres, marié à mademoiselle Marie-Angelique ROCA, issue d'une noble et ancienne famille, mort sans postérité mâle en 1856;
3° Joseph, mort jeune à Cette ;
4° Christophe, mort sans postérité ;
5° Marie, mariée à Bonaventure REIG ;
6° Catherine, mariée à Louis COLOMER, propriétaire et maire de Port-Vendres ;
7° Marguerite, mariée à Jean SAGOLS, propriétaire à Banyuls-sur-mer;
8° Thérèse, mariée à Jean MASSOT, maire aussi de Banyuls-sur-mer.

XXX. Honoré PI DE COSPRONS, né en 1771, propriétaire du château et terre de Cosprons (de droit trente-cinquième duc-comte du Roussillon); successivement

---

(1) Voyez : Archives de Perpignan, et campagnes de 1793-95, vol. I, f° 241, par Fervel, officier du génie.

volontaire dans l'armée des Pyrénées-Orientales en 1794, membre de la municipalité cantonale de Collioure, capitaine de chasseurs d'élite dans les cohortes, maire de Banyuls, membre du conseil général, et encore maire de Port-Vendres en 1840, servit constamment son pays avec fidélité. Bien que Louis XVIII eût reconnu à la Restauration tous les anciens titres, il négligea cependant de relever celui auquel il avait droit. Il a épousé en premières noces demoiselle Françoise REIG, et en secondes noces, par contrat du 1ᵉʳ fructidor an XII, demoiselle Thérèse COMES. Il mourut en 1851, ayant eu des deux lits quinze enfants, dont huit sont encore vivants, et parmi lesquels nous citerons :

1° Honoré qui suit ;
2° Jean PI DE COSPRONS-ROUSSILLON, officier de la marine impériale, officier de l'ordre de la Légion d'honneur, célibataire.

XXXI. Honoré PI DE COSPRONS-ROUSSILLON (de droit trente-sixième duc-comte du Roussillon), propriétaire héréditaire du manoir et de la terre seigneuriale de Torreneulas, ex-maire de Port-Vendres, ex-conseiller d'arrondissement, membre correspondant de l'Institut botanique de Londres, etc., est le chef de nom et d'armes de sa famille. Il est célibataire.

www.ingramcontent.com/pod-product-compliance
Lightning Source LLC
Chambersburg PA
CBHW071434060426
42450CB00009BA/2177